Renate von Mangoldt  **Nachtrag zur S-Bahn**

Steidl

## Uwe Johnson: Nachtrag zur S-Bahn (1970)

Die Berliner S-Bahn habe ich gelernt an den Linien, die sie den Reisenden vor die Stadt entgegenschickte. Immer wieder, wenn die bulligen Wagen an den Fernzügen entlangrasselten, bei Hohen-Neuendorf oder am Grünauer Kreuz, sah man den Berlinern im Abteil das Ende des Heimwehs an. Für sie war die S-Bahn die erste Begrüßung mit ihrer Stadt, jetzt waren sie wieder zu Hause, nun ging es los mit Berlin. Und es war die S-Bahn, die den Zuwanderer bekannt machte mit der Stadt. Sie zog ihn aus den Fernbahnhöfen in die städtischen Provinzen, mit ausstrahlenden Radialen und einem riesigen Ring, so brachte sie ihm einen räumlichen Begriff dieser Gegend bei, bevor sie ihn entließ nach Köpenick, nach Friedenau oder, leider, nach Marienfelde. Das war früher, da hielt die S-Bahn auch noch die zerstrittenen Städte Berlin zusammen, da lag Baumschulenweg neben Köllnische Heide und Staaken bei Spandau. Nun ist der Ring zerbrochen. Die Vorortlinien, die Einladungen der Stadt an die Städte, an Potsdam, Oranienburg, Königs Wusterhausen, sind abgesagt. Mitten in der Stadt enden Geleise an Prellböcken, da sind echte, wirkliche, tatsächliche Bahndämme weggeräumt, und kein Fremder glaubt uns, daß auf solchen sinnlosen Erdwülsten eine Schnellbahn hinüberging. Wem das noch nicht reicht, dem zeigen wir einen exterritorialen Bahnsteig mitten in Ostberlin, wo wir aus der Richtung Nord-Süd nach Westen umsteigen, wohin aber unsere Freunde, womöglich auf dem Bahnsteig daneben, nicht können, und auch die Sicht auf sie ist zugebaut. Die S-Bahn muß das Ihrige tun, um uns an die Lage der Stadt zu erinnern. Aber sie ist ein Teil, ein lebendes Glied der Stadt geblieben, auch der halben Stadt. Es ist ja nicht nur, daß uns die Eisenbahn fehlt, und die S-Bahn dafür aufkommen muß mit einer halben Stunde Reisegefühls von einem Zaun zum anderen, auf den Doppelbänken von damals. Nach wie vor erkennen die alten wie die neuen Berliner einander daran, daß sie nicht von der Stadtbahn reden, wenn sie in der Ringbahn sitzen, und wer den Unterschied nicht kennt zwischen der Zehlendorfer und der Wannseebahn, der muß von auswärts sein. Die S-Bahn gehört zu unseren Intimitäten. Das ist unsers, das Rätselraten über den besonderen alten Farbton rund um die Wagen, das Dunkelkarmin, das Ochsenblutrot, das behäbige Gelb darüber. Wir erkennen das Geräusch ohne Nachdenken, die klirrende Durchfahrt, nachts das atmende Bremsen und Anfahren, singende Beschleunigung. Die grünen Transparente an den Brücken und Bahnhöfen, das weiße S: Stadtbahn: es gehört uns, wir wissen wo wir sind. Die weiten Bahnsteige gehören zur Landschaft der Stadt, und da wird auf uns gewartet. Wir sind an sie gewöhnt, so daß uns das Ausrufen von Station und Abfahrt lieber war als die Abfertigung durch Funk. Wir sind da vertraulich bis zur Aufsässigkeit, sie will uns das Rauchen aberziehen, und wir rauchen doch. Die Stadtbahn, ihre gußeisernen Pfosten, ihre Gewächshausaufgänge, ihr verjährtes Emaille, es hält uns die Vergangenheit der Stadt im Gedächtnis. Und wir sehen sie immer, und aus ihren Fenstern sehen wir die Stadt: hier ist ein Fensterplatz noch was wert. Es gibt Leute, die wollen sie abschaffen. Es gibt andere, die wünschen sich die alten Zeiten neu und mehr vernünftig, eine Zeit mit Fahrkarten von überallher, darauf steht nicht bloß Berlin Ost oder Berlin West, sondern: Berlin Stadtbahn. Da ist die Wahl leicht.

Der Text entstand für eine Sendung des Senders Freies Berlin „S-Bahn – Eine Berliner Collage", 29. März 1970. Abgedruckt ist er in Uwe Johnson: *Berliner Sachen. Aufsätze*, Frankfurt/M. (Suhrkamp) 1975, S. 42 f. Dieser Band enthält zwei weitere, wesentlich umfangreichere Essays Uwe Johnsons zum Politikum Berliner S-Bahn aus den Jahren 1961 und 1964 – was den „Nachtrag" in der Überschrift erklärt.

S-Bahnhof Feuerbachstraße, September 1981

S-Bahnhof Südende, September 1981

S-Bahnhof Südende, September 1981

S-Bahnhof Südende, Januar 1974

Am S-Bahnhof Südende, September 1981

S-Bahnhof Sonnenallee, Oktober 1981

S-Bahnhof Sonnenallee, Oktober 1981

S-Bahnhof Botanischer Garten, September 1981

S-Bahnhof Botanischer Garten, September 1981

S-Bahnhof Buckower Chaussee, Oktober 1981

S-Bahnhof Beusselstraße, September 1981

S-Bahnhof Steglitz, September 1981

S-Bahnhof Eichkamp, September 1981

S-Bahnhof Waidmannslust, September 1981

Am S-Bahnhof Wittenau, September 1981

Am S-Bahnhof Friedenau, Februar 1973

Am S-Bahnhof Friedenau, Februar 1973

S-Bahnhof Heerstraße, September 1981

S-Bahnhof Köllnische Heide, September 1981

S-Bahnhof Lichterfelde Süd, September 1981

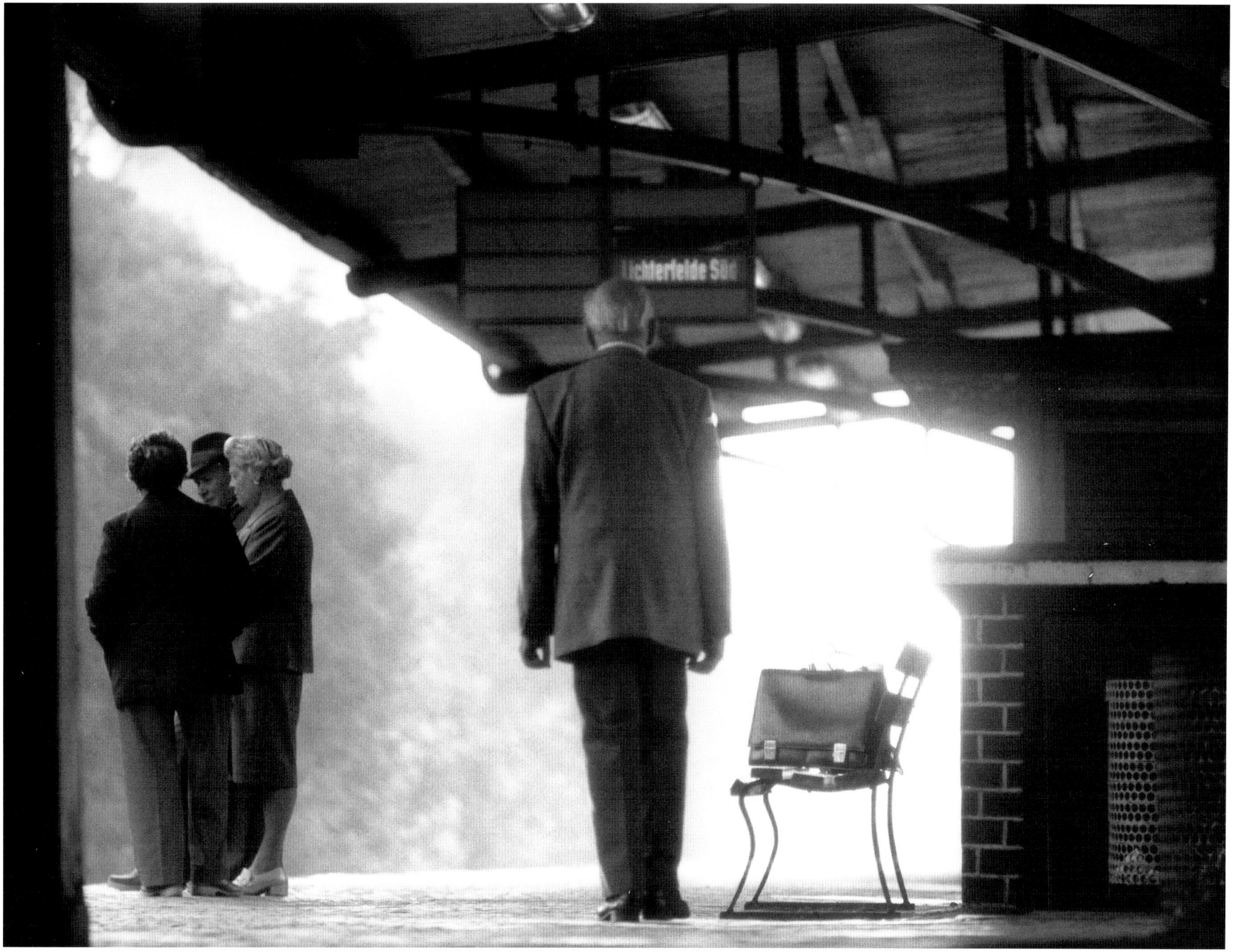
Lichterfelde Süd

S-Bahnhof Lichterfelde Süd, September 1981

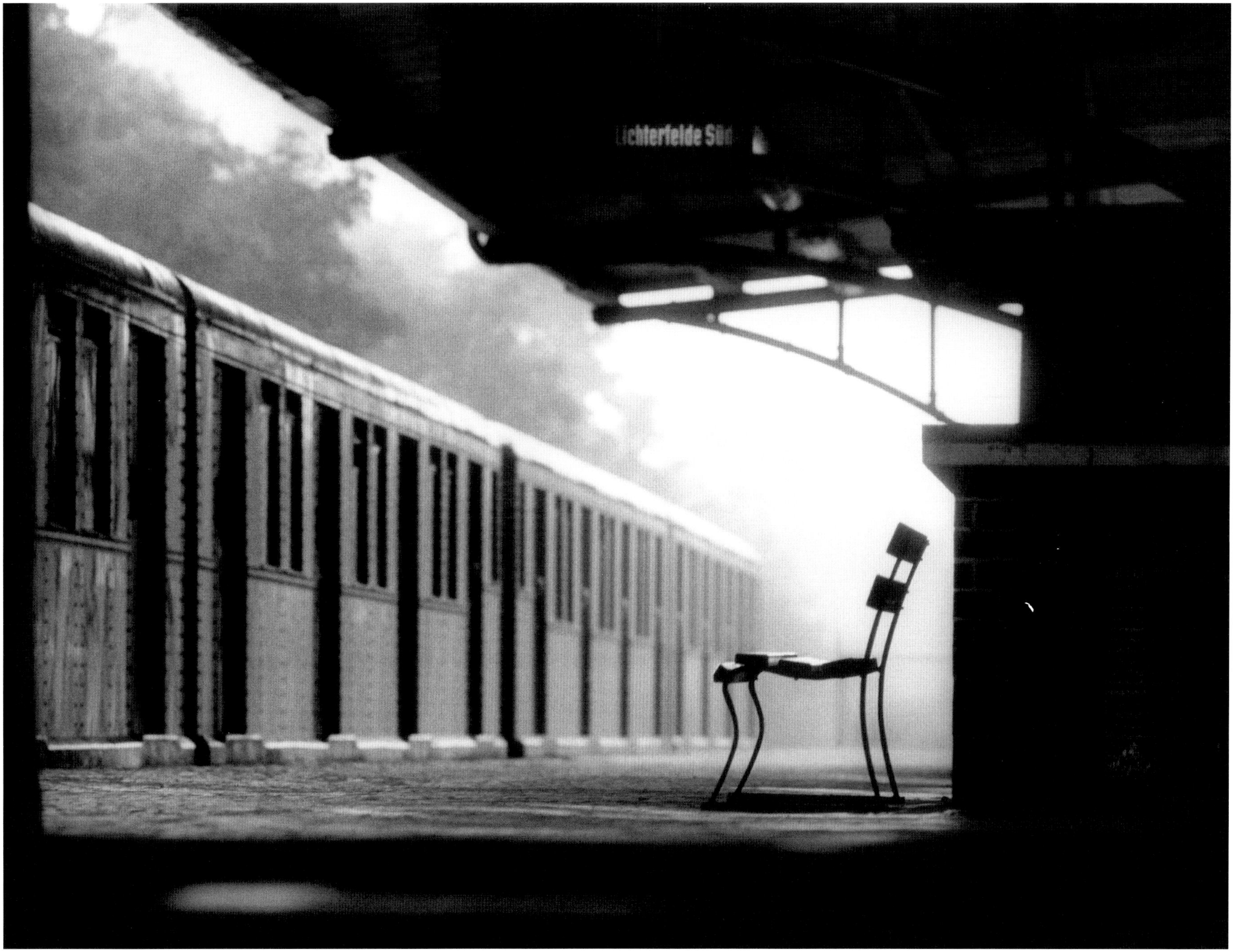
Lichterfelde Süd

S-Bahnhof Savignyplatz, September 1981

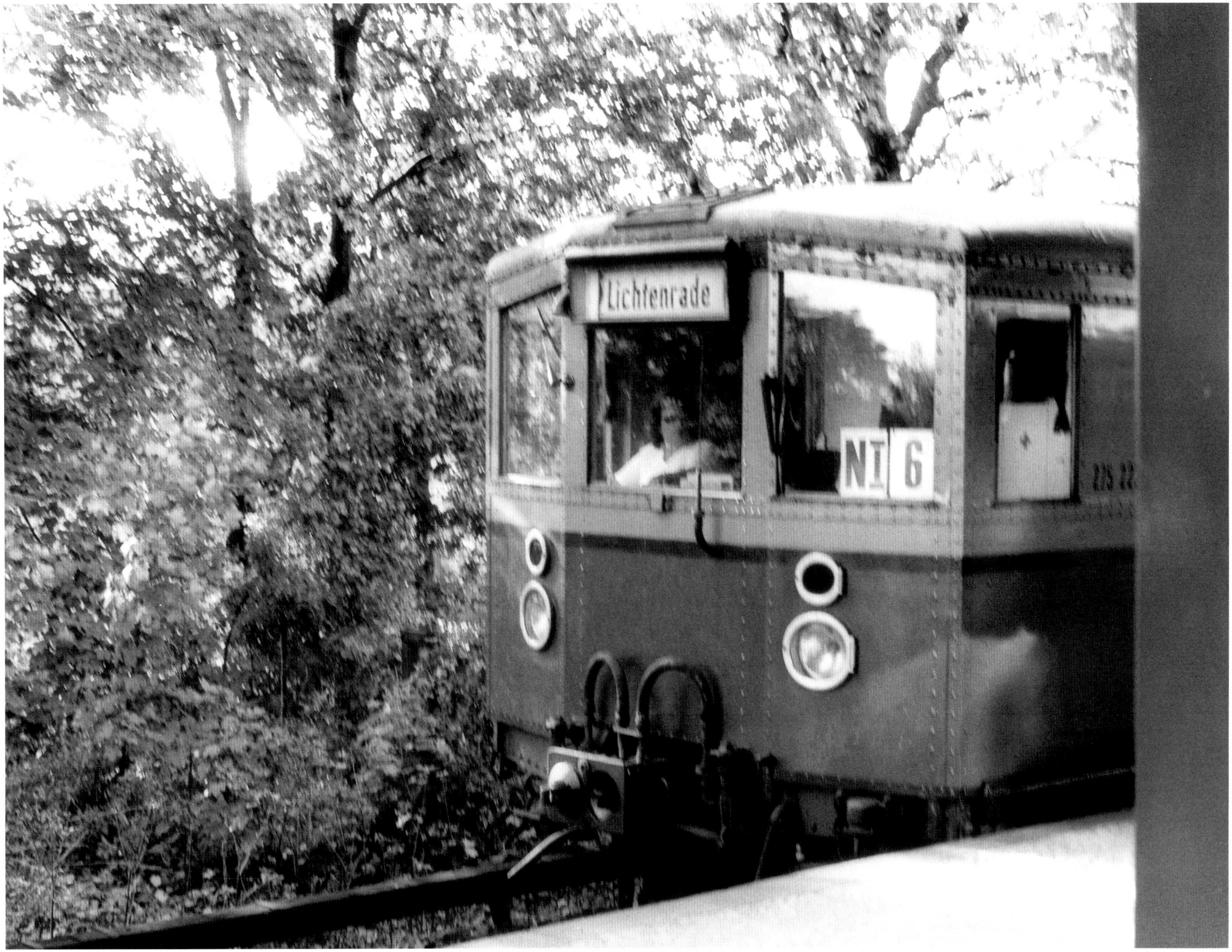
Lichtenrade
NI 6

S-Bahnhof Lichtenrade, September 1981

S-Bahnbrücken Yorckstraße, September 1981

S-Bahngelände Gleisdreieck, September 1981

S-Bahnbrücke Kreuzung Schering-/Gartenstraße, Wedding, März 1973

S-Bahnhof Lindenthaler Allee, Oktober 1981

S-Bahnhof Lindenthaler Allee, Oktober 1981

S-Bahnhof Wernerwerk, September 1981

S-Bahnhof Witzleben, August 1981

S-Bahnhof Friedenau, September 1981

Am S-Bahnhof Papestraße, September 1981

S-Bahnhof Papestraße, September 1981

S-Bahnhof Zoologischer Garten, September 1981

S-Bahnhof Zoologischer Garten, September 1981

S-Bahnhof Lichterfelde Ost, September 1981

S-Bahnhof Lichterfelde Ost, September 1981

S-Bahnhof Marienfelde, Oktober 1981

S-Bahnhof Yorckstraße, September 1981

S-Bahnhof Priesterweg, September 1981

S-Bahnhof Priesterweg, September 1981

S-Bahnhof Wittenau Nordbahn, September 1981

S-Bahnhof Westkreuz, Januar 1974

S-Bahnhof Westend, September 1981

S-Bahnhof Spandau-West, August 1981

S-Bahnhof Pichelsberg, September 1981

S-Bahnhof Lehrter Bahnhof, Februar 1973

S-Bahnhof Lehrter Bahnhof, Mai 1975

S-Bahnhof Südende, September 1981

S-Bahnhof Botanischer Garten, September 1981

S-Bahnhof Lichterfelde West, September 1981

Am S-Bahnhof Humboldthain, September 1981

Am S-Bahnhof Jungfernheide, September 1981

S-Bahnhof Wedding, September 1981

S-Bahnhof Putlitzer Straße, September 1981

S-Bahnhof Putlitzer Straße, September 1981

S-Bahnhof Zehlendorf, September 1981

S-Bahn am Humboldthain, Oktober 1981

S-Bahnstrecke Lichterfelde Ost, September 1981

S-Bahnstrecke Köllnische Heide, August 1981

S-Bahnhof Neuruppiner Straße/Düppel, September 1981

S-Bahndurchgang Priesterweg, September 1981

S-Bahnhof Wittenau Nordbahn, September 1981

S-Bahnhof Mariendorf, September 1981

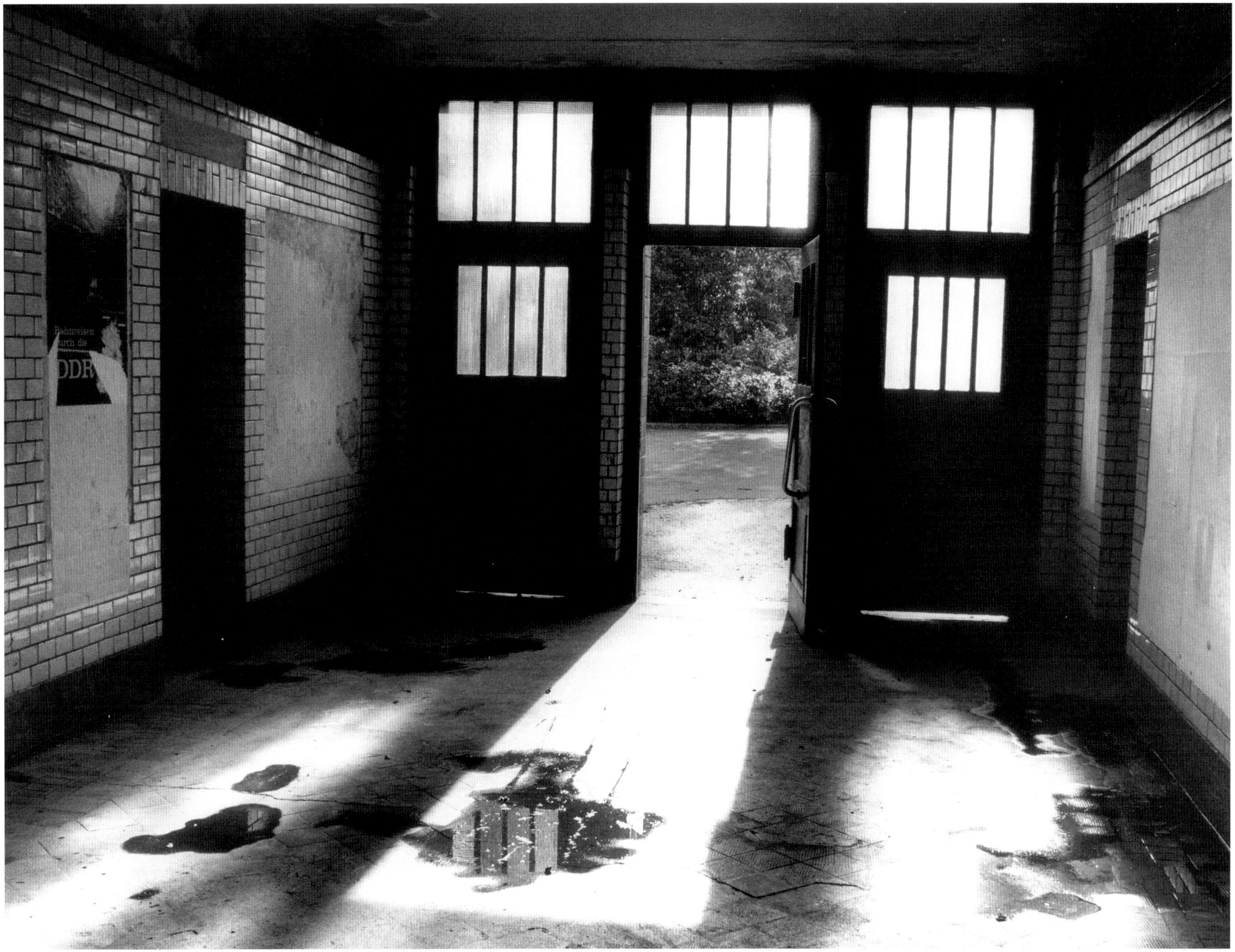
Bahnreisen
DDR

S-Bahnhof Lankwitz, September 1981

S-Bahnhof Zehlendorf, Mai 1973

S-Bahnhof Wannsee, August 1984

S-Bahndurchgang Friedrichstraße, Juni 1974

S-Bahnhof Westkreuz, Januar 1974

Am S-Bahnhof Großgörschenstraße, September 1981

S-Bahnhof Heerstraße, September 1981

S-Bahnhof Wittenau, September 1981

## Nachtrag in eigener Sache

Die Fotografien in diesem Buch entstanden, von einigen Ausnahmen abgesehen, im September 1981. ‚Idee des Verschwindens' nannte ich das Projekt. Ich machte mich auf, die Westberliner S-Bahnhöfe vor ihrem gänzlichen Verfall und ihrem völligen Verschwinden fotografisch festzuhalten.
So entstand diese Reihe von Bildern – als Dokument der Gebäude und ihrer Umgebung, als Dokument der Zeit und ihrer Atmosphäre.
Die Fotos waren bis vor Kurzem in meinem Fotoarchiv ‚verschwunden' und kommen nun, als ‚Nachtrag' sozusagen, in diesem Buch ans Licht.

*Renate von Mangoldt*


1940 in Berlin geboren; 1961 bis 1963 Besuch der Bayerischen Staatslehranstalt für Photographie in München; von 1964 bis 2000 als Fotografin im Literarischen Colloquium Berlin tätig.

Erste Auflage 2011

© 2011 für die Fotografien Renate von Mangoldt. © 1975 Uwe Johnson „Nachtrag zur S-Bahn", Suhrkamp Verlag Frankfurt. © 2011 für diese Ausgabe Steidl Verlag, Göttingen / Buchgestaltung: Katharina Staal / Bildbearbeitung: Jonas Wettre / Scans: Steidl's digital darkroom / Gesamtherstellung und Druck: Gerhard Steidl, Druckerei und Verlag, Düstere Str. 4, 37073 Göttingen. Tel. +49 551 49 60 60 / Fax +49 551 49 60 649 / mail@steidl.de www.steidl.de / www.steidlville.com / ISBN 978-3-86930-190-7 / Printed in Germany.